Impressum
Verlag: BABADADA GmbH, Nedderfeld 112 , 22529 Hamburg
Geschäftsführer / Verlagsleitung: Harald Hof
Druck: Books on Demand GmbH, In de Tarpen 42, 22848 Norderstedt

Imprint
Publisher: BABADADA GmbH, Nedderfeld 112 , 22529 Hamburg, Germany
Managing Director / Publishing direction: Harald Hof
Print: Books on Demand GmbH, In de Tarpen 42, 22848 Norderstedt, Germany

1

escola

škola

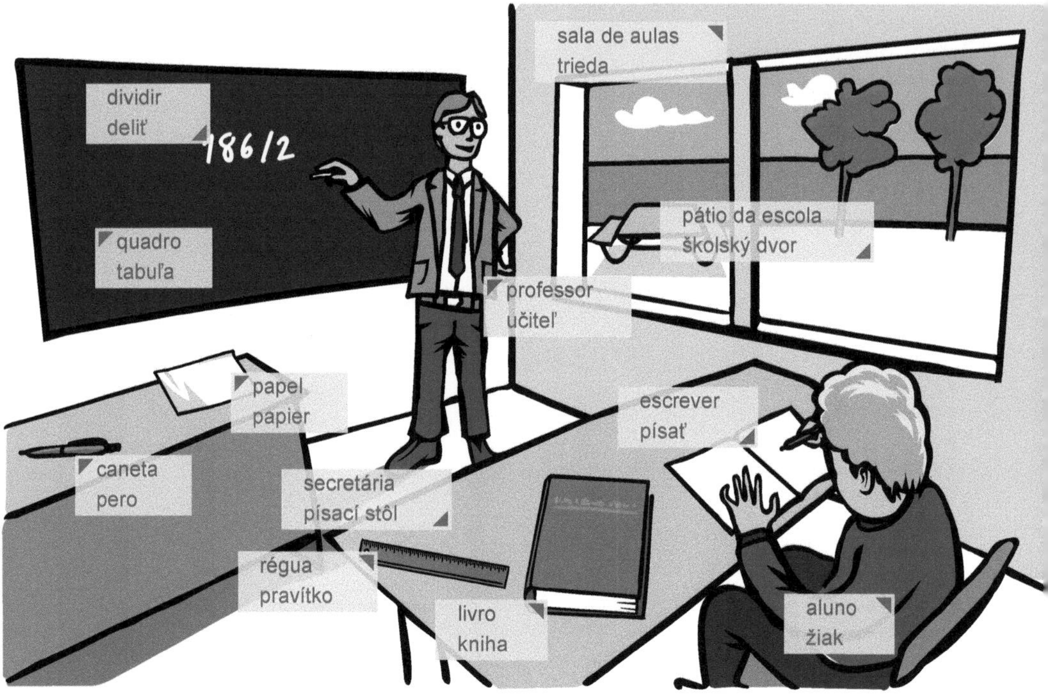

sala de aulas
trieda
dividir
deliť
186/2
quadro
tabuľa
pátio da escola
školský dvor
professor
učiteľ
papel
papier
escrever
písať
caneta
pero
secretária
písací stôl
régua
pravítko
livro
kniha
aluno
žiak

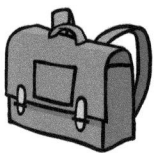

mochila

školská taška

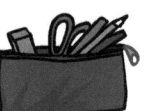

estojo de lápis

peračník

lápis

ceruza

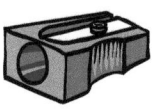

afia-lápis

strúhadlo na ceruzky

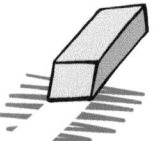

borracha

guma

bloco de desenho

skicár

desenho

kresba

pincel

štetec

caixa de tintas

vodové farby

tesoura

nožnice

cola

lepidlo

livro de exercícios

cvičný zošit

trabalhos de casa

domáca úloha

número

číslo

somar

sčítať

subtrair

odčítať

multiplicar

násobiť

calcular

počítať

letra

písmeno

alfabeto

abeceda

palavra

slovo

texto

text

ler

čítať

giz

krieda

hora

hodina

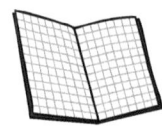

registo de presenças

triedna kniha

exame

skúška

certificado

certifikát

uniforme escolar

školská uniforma

educação

vzdelanie

enciclopédia

encyklopédia

universidade

univerzita

microscópio

mikroskop

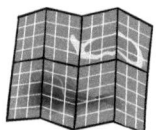

mapa

mapa

cesto de lixo

kôš na papier

viagem
cesta

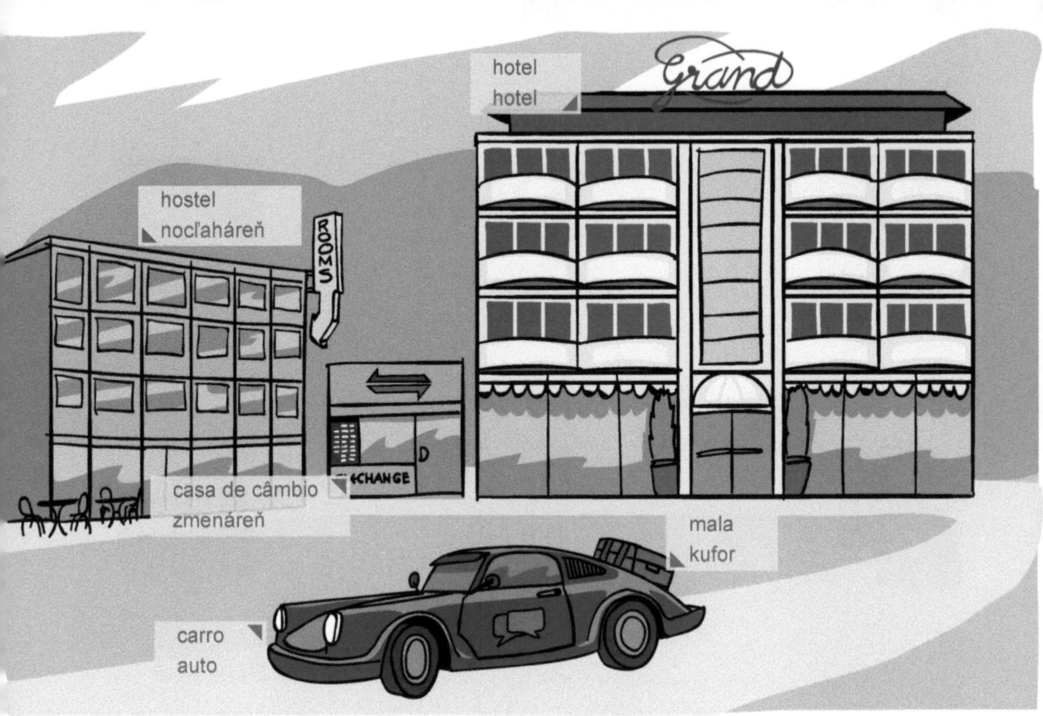

Grand
hotel
hotel
hostel
nocľaháreň
ROOMS
casa de câmbio
zmenáreň
CHANGE
mala
kufor
carro
auto

idioma

jazyk

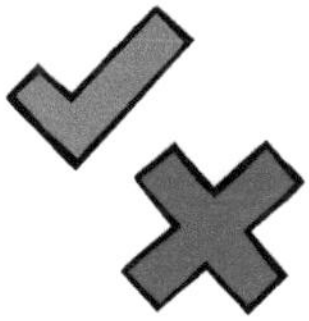

sim / não

áno/nie

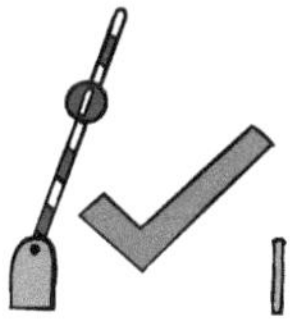

ok / certo / correto

v poriadku

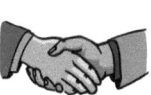

olá

ahoj

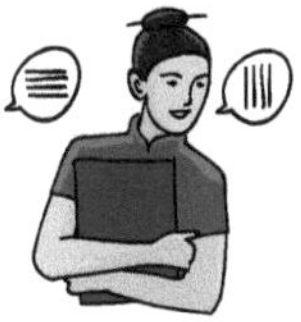

intérprete

prekladateľ

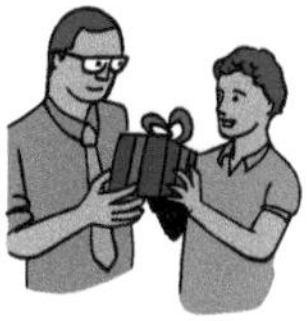

obrigado

ďakujem

quanto é que custa... ?

Koľko stojí ... ?

não entendo

Nerozumiem

problema

problém

boa noite!

Dobrý večer!

Bom dia!

Dobré ráno!

Boa noite!

Dobrú noc!

adeus

Dovidenia

direção

smer

bagagem

batožina

saco

taška

mochila

batoh

convidado

hosť

quarto

izba

saco-cama

spacák

tenda

stan

informação turística

informácie pre turistov

praia

pláž

cartão de crédito

kreditná karta

pequeno-almoço

raňajky

almoço

obed

jantar

večera

bilhete

cestovný lístok

elevador

výťah

selo postal

poštová známka

fronteira

hranica

alfândega

clo

embaixada

veľvyslanectvo

visto

vízum

passaporte

cestovný pas

transporte
doprava

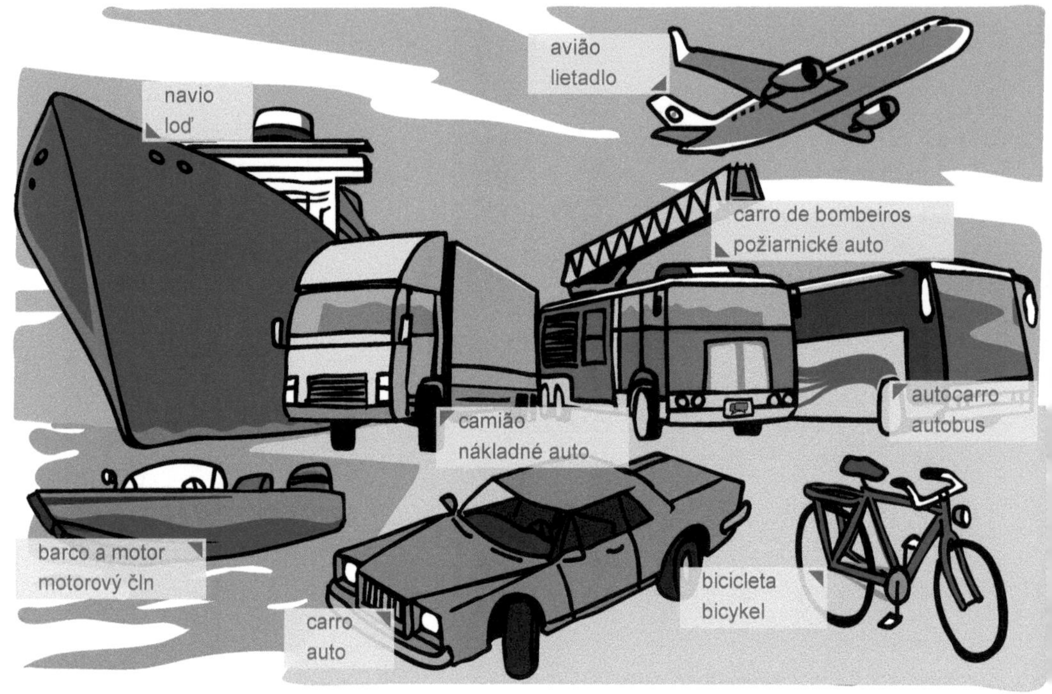

avião
lietadlo
navio
loď
carro de bombeiros
požiarnické auto
autocarro
autobus
camião
nákladné auto
barco a motor
motorový čln
bicicleta
bicykel
carro
auto

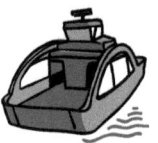

cacilheiro
trajekt

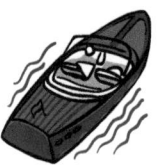

barco
loď

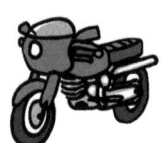

mota
motorka

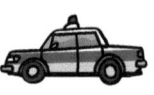

carro de polícia
policajné auto

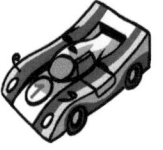

carro de corrida
pretekárske auto

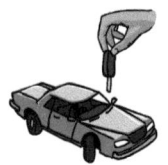

carro alugado
vozidlo z požičovne

carsharing

carsharing

camião de reboque

odťahové auto

camião do lixo

smetiarske auto

motor

motor

combustível

benzín

estação de serviço

čerpacia stanica

sinal de trânsito

dopravná značka

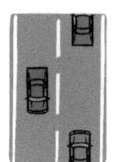

trânsito

premávka

congestionamento de
trânsito
zápcha

parque de estacionamento

parkovisko

estação ferroviária

vlaková stanica

carris

trate

comboio

vlak

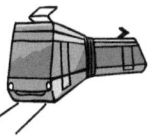

elétrico

električka

carruagem

vagón

helicóptero

helikoptéra

aeroporto

letisko

torre

veža

passageiro

pasažier

contentor

kontajner

caixa de papelão

kartón

carrinho

vozík

cesto

kôš

levantar voo / aterrar

štartovať / pristáť

cidade

mesto

aldeia

dedina

centro da cidade

centrum mesta

casa

dom

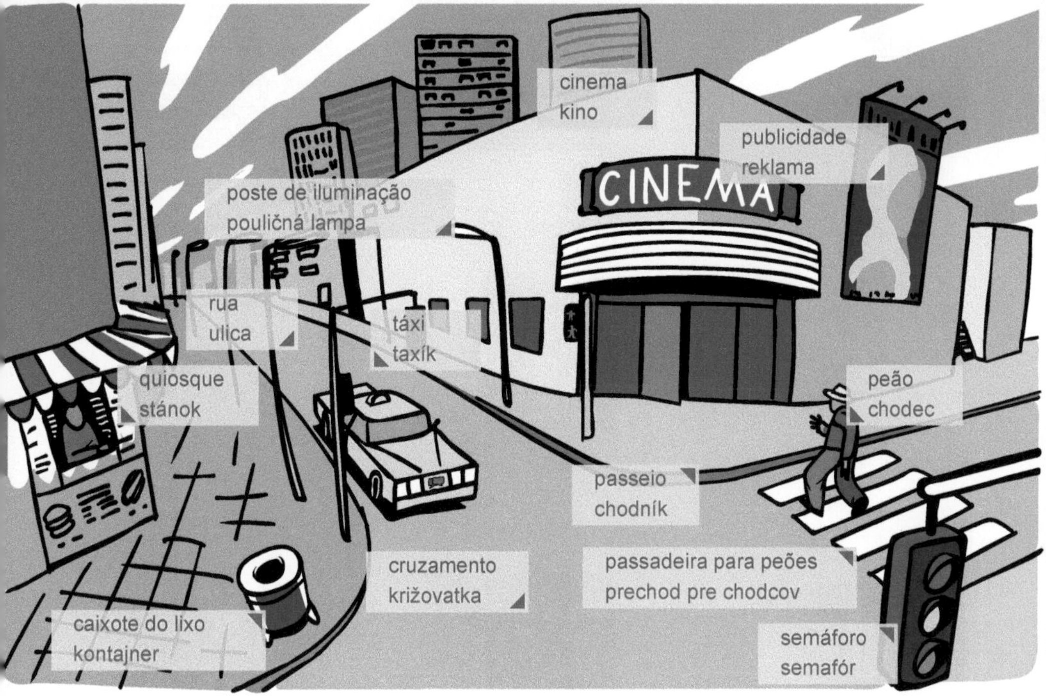

cinema
kino
publicidade
reklama
poste de iluminação
pouličná lampa
rua
ulica
táxi
taxík
quiosque
stánok
peão
chodec
passeio
chodník
cruzamento
križovatka
passadeira para peões
prechod pre chodcov
caixote do lixo
kontajner
semáforo
semafór
CINEMA

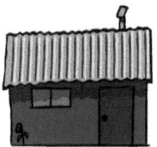

cabana

chata

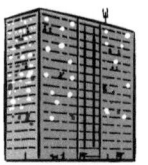

apartamento

byt

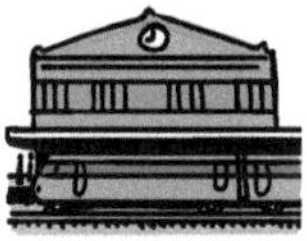

estação ferroviária

vlaková stanica

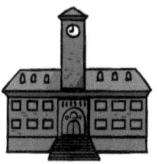

câmara municipal

radnica

MUSEUM

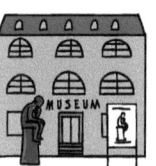

museu

múzeum

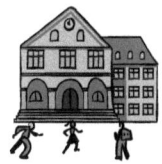

escola

škola

universidade

univerzita

banco

banka

hospital

nemocnica

hotel

hotel

farmácia

lekáreň

escritório

kancelária

livraria

kníhkupectvo

loja

obchod

florista

kvetinárstvo

supermercado

supermarket

mercado

trh

loja de departamentos

obchodný dom

peixaria

obchodník s rybami

centro comercial

nákupné stredisko

porto

prístav

parque
park

banco
lavička

ponte
most

escadas
schody

metro
metro

túnel
tunel

paragem de autocarro
autobusová zastávka

bar
bar

restaurante
reštaurácia

caixa de correio
poštová schránka

sinal de trânsito
tabuľa s názvom ulice

parquímetro
parkovacie hodiny

jardim zoológico
ZOO

piscina
plaváreň

mesquita
mešita

quinta
....
farma

poluição
....
znečisťovanie životného
prostredia

cemitério
....
cintorín

igreja
....
kostol

parque infantil
....
ihrisko

templo
....
chrám

paisagem
terén

folha
list

placa de sinalização
smerová tabuľa

caminho
cesta

prado
lúka

pedra
kameň

caminhantes
turista

árvore
strom

rio
rieka

relva
tráva

flor
kvet

vale

dolina

montanha

kopec

lago

jazero

floresta

les

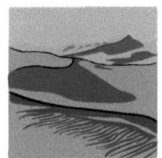

deserto

púšť

vulcão

vulkán

castelo

zámok

arco-íris

dúha

cogumelo

hríb

palma

palma

mosquito

komár

mosca

mucha

formiga

mravec

abelha

včela

aranha

pavúk

besouro

chrobák

sapo

žaba

esquilo

veverička

ouriço

jež

lebre

zajac

coruja

sova

pássaro

vták

cisne

labuť

javali

diviak

veado

jeleň

alce

los

barragem

hrádza

turbina eólica

veterná turbína

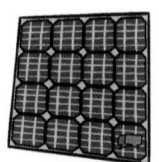

painel solar

solárny panel

clima

podnebie

restaurante

reštaurácia

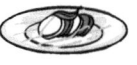

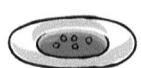

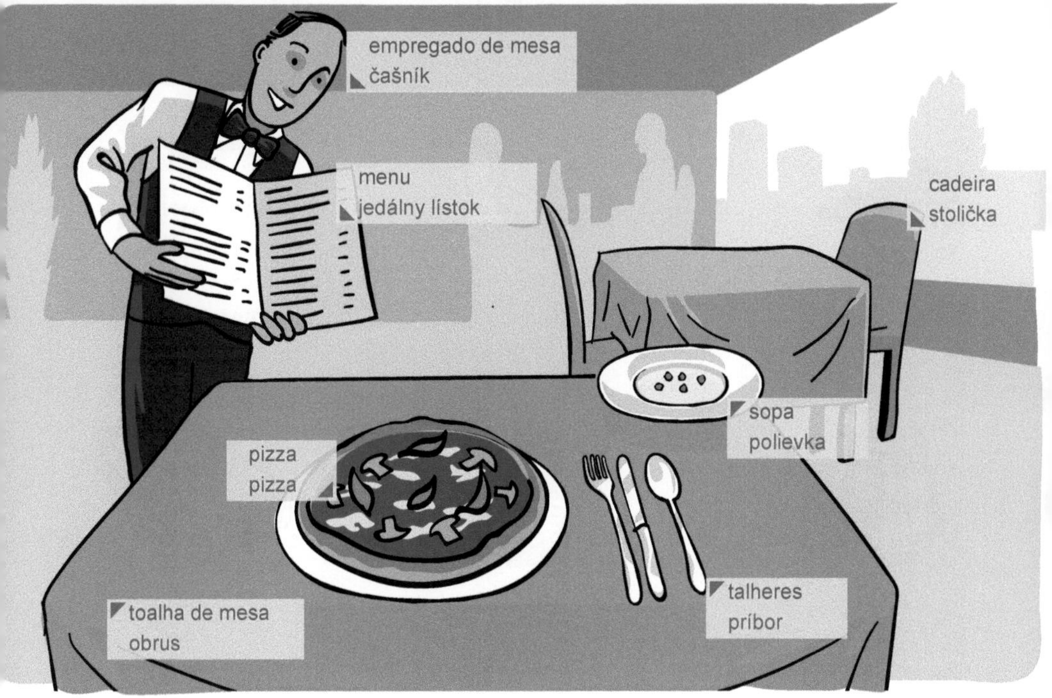

empregado de mesa
čašník
menu
jedálny lístok
cadeira
stolička
sopa
polievka
pizza
pizza
talheres
príbor
toalha de mesa
obrus

entrada
predjedlo

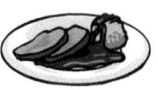

prato principal
hlavné jedlo

sobremesa
zákusok

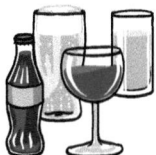

bebidas
nápoje

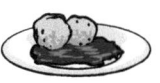

comida
jedlo

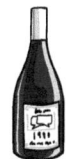

garrafa
fľaša

fast food
fast-food

comida de rua
street food

bule de chá
kanvica na čaj

açucareiro
cukornička

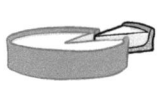

porção
porcia

máquina de café expresso
stroj na espresso

cadeira alta
detská stolička

conta
účet

bandeja
podnos

faca
nôž

garfo
vidlička

colher
lyžica

colher de chá
čajová lyžička

guardanapo
obrúsok

copo
pohár

prato
tanier

prato de sopa
hlboký tanier

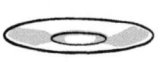

pires
podšálka

molho
omáčka

saleiro
soľnička

moinho de pimenta
mlynček na korenie

vinagre
ocot

óleo
olej

especiarias
korenie

ketchup
kečup

mostarda
horčica

maionese
majonéza

supermercado

supermarket

oferta especial
špeciálna ponuka
FOR
cliente
klient
laticínios
mliečne výrobky
fruta
ovocie
carrinho de compras
nákupný vozík

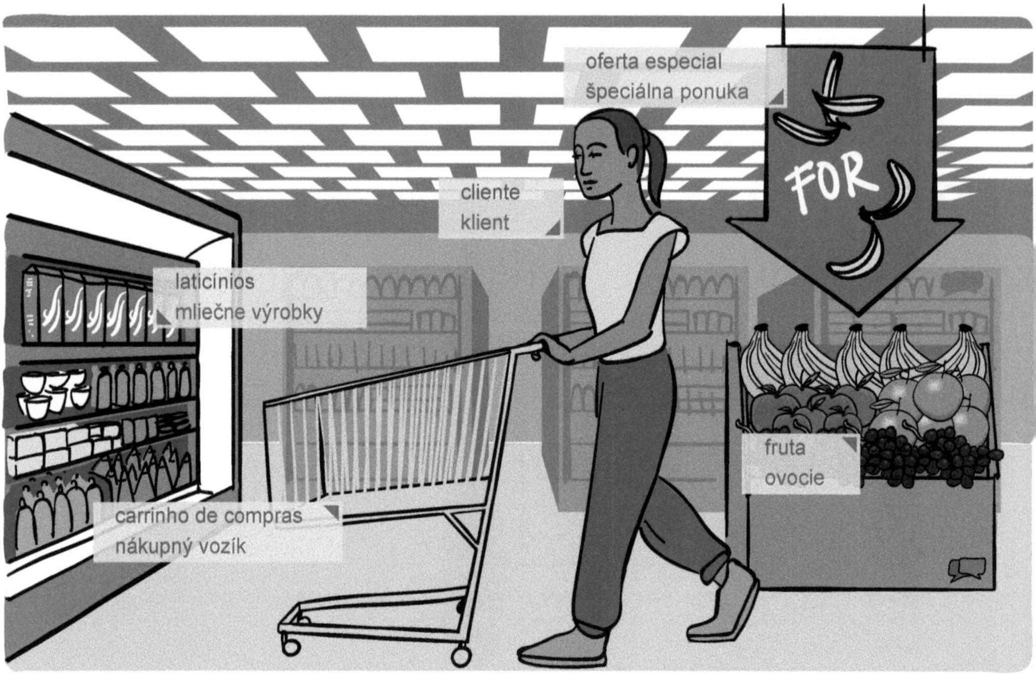

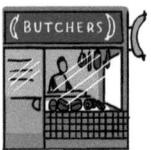

BUTCHERS

talho

mäsiarstvo

BAKERY

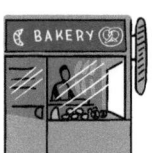

padaria

pekáreň

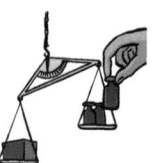

pesar

vážiť

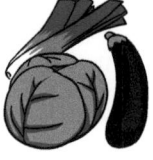

vegetais

zelenina

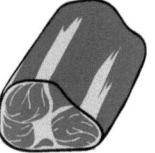

carne

mäso

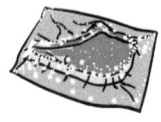

alimentos congelados

mrazené potraviny

charcutaria

nárez

comida enlatada

konzervy

detergente em pó

prací prostriedok

doces

sladkosti

artigos domésticos

domáce potreby

produtos de limpeza

čistiace prostriedky

vendedora

predavačka

caixa

pokladňa

caixa

pokladník

lista de compras

nákupný zoznam

horário de funcionamento

otváracie hodiny

carteira

peňaženka

cartão de crédito

kreditná karta

saco

taška

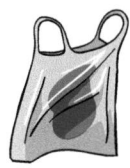

saco de plástico

plastové vrecko

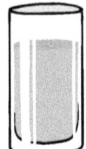

água
....
voda

sumo
....
džús

leite
....
mlieko

coca-cola
....
kola

vinho
....
víno

cerveja
....
pivo

álcool
....
alkohol

cacau
....
kakao

chá
....
čaj

café
....
káva

café expresso
....
espresso

capuccino
....
kapučíno

banana

banán

maçã

jablko

laranja

pomaranč

melão

melón

limão

citrón

cenoura

mrkva

alho

cesnak

bambu

bambus

cebola

cibuľa

cogumelo

hríb

nozes

orechy

talharim

rezance

esparguete

špagety

arroz

ryža

salada

šalát

batatas fritas

hranolky

batatas fritas

pečené zemiaky

pizza

pizza

hambúrguer

hamburger

sanduíche

obložený chlebík

bife panado

rezeň

fiambre

šunka

salame

saláma

salsicha

klobása

galinha

kurča

assado

pečené mäso

peixe

ryba

flocos de aveia

ovsené vločky

muesli

müsli

flocos de milho

kukuričné lupienky

farinha

múka

croissant

croissant

carcaça (pãozinho)

pečivo

pão

chlieb

torrada

hrianka

biscoitos

sušienky

manteiga

maslo

requeijão

tvaroh

bolo

koláč

ovo

vajce

ovo estrelado

volské oko

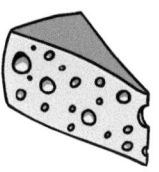

queijo

syr

comida - jedlo

gelado

zmrzlina

açúcar

cukor

mel

med

compota

lekvár

creme de nougat

nugátová nátierka

caril

karí korenie

quinta
farma

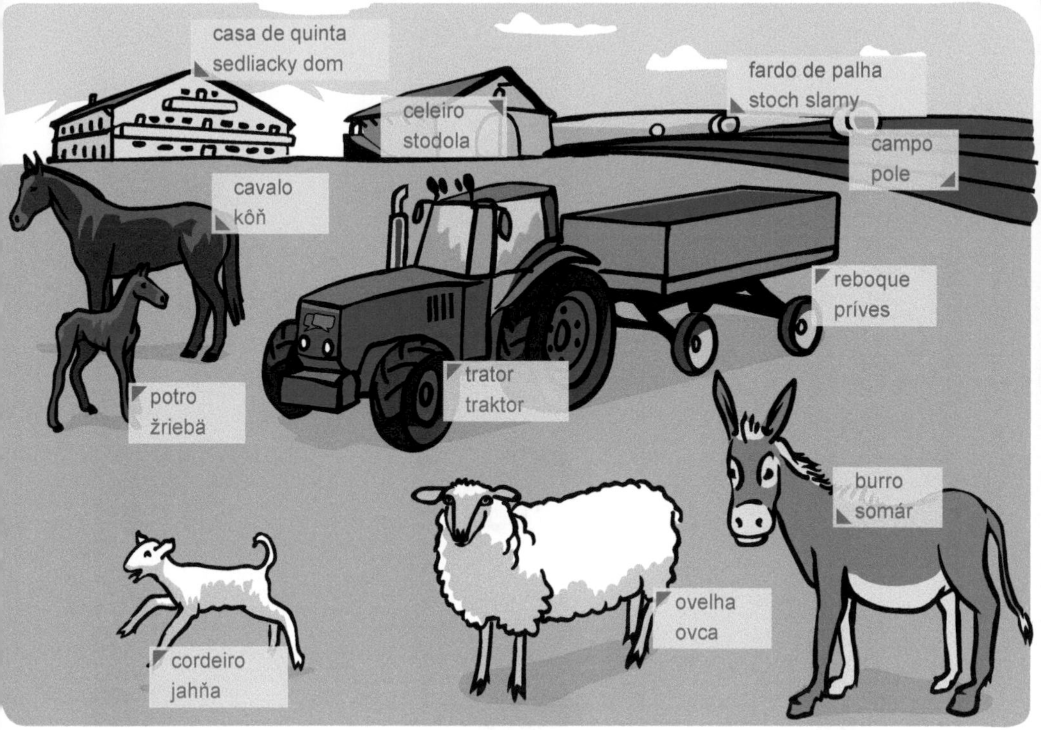
casa de quinta
sedliacky dom
celeiro
stodola
fardo de palha
stoch slamy
campo
pole
cavalo
kôň
reboque
príves
trator
traktor
potro
žriebä
burro
somár
ovelha
ovca
cordeiro
jahňa

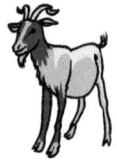

cabra
koza

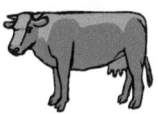

vaca
krava

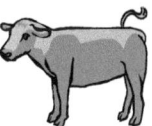

bezerro
teľa

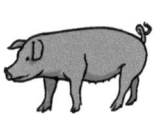

porco
prasa

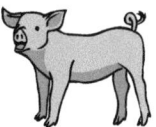

leitão
prasiatko

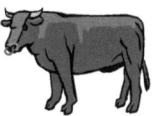

touro
býk

ganso

hus

pato

kačica

pintaínho

kuriatko

galinha

sliepka

galo

kohút

ratazana

potkan

gato

mačka

rato

myš

boi

vôl

cão

pes

casota

psia búda

mangueira de jardim

záhradná hadica

regador

krhla

foice

kosa

arado

pluh

foice

kosák

enxada

motyka

forquilha

vidly na hnoj

machado

sekera

carrinho de mão

fúrik

manjedoura

koryto

jarro de leite

kanva na mlieko

saco

vrece

cerca

plot

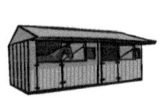

estábulo

maštaľ

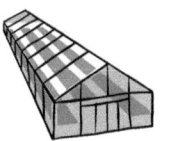

estufa

skleník

solo

pôda

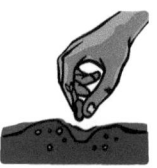

semente

osivo

fertilizante

hnojivo

ceifeira-debulhadora

kombajn

colher

žať

colheita

žatva

inhame

batát

trigo

pšenica

soja

sója

batata

zemiak

milho

kukurica

colza

repka

árvore de fruto

ovocný strom

mandioca

maniok

cereais

obilie

chaminé
komín

telhado
strecha

caleira
dažďový odkvap

janela
okno

garagem
garáž

campainha da porta
zvonček

porta
dvere

balde do lixo
odpadkový kôš

caixa de correio
poštová schránka

jardim
záhrada

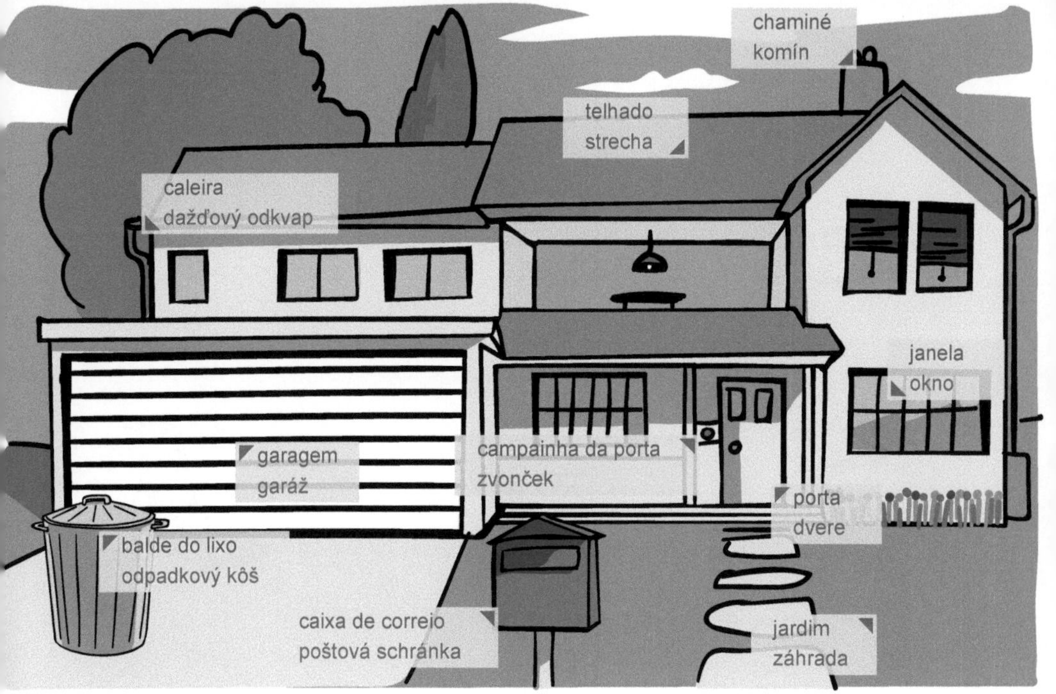

sala de estar

obývačka

casa de banho

kúpeľňa

cozinha

kuchyňa

quarto de dormir

spálňa

quarto de criança

detská izba

sala de jantar

jedáleň

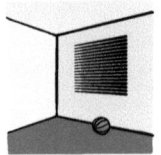

chão
podlaha

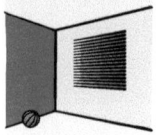

parede
stena

teto
strop

cave
pivnica

sauna
sauna

varanda
balkón

terraço
terasa

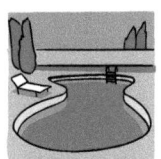

piscina
bazén

máquina de cortar relvado
kosačka

lençol
obliečka

cobertor
posteľná prikrývka

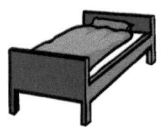

cama
posteľ

vassoura
metla

balde
vedro

interruptor
vypínač

sala de estar
obývačka

papel de parede
tapeta
imagem
obraz
lâmpada
lampa
prateleira
regál
armário
skriňa
televisão
televízor
lareira
kozub
flor
kvet
almofada
vankúš
sofá
pohovka
vaso
váza
controlo remoto
diaľkové ovládanie

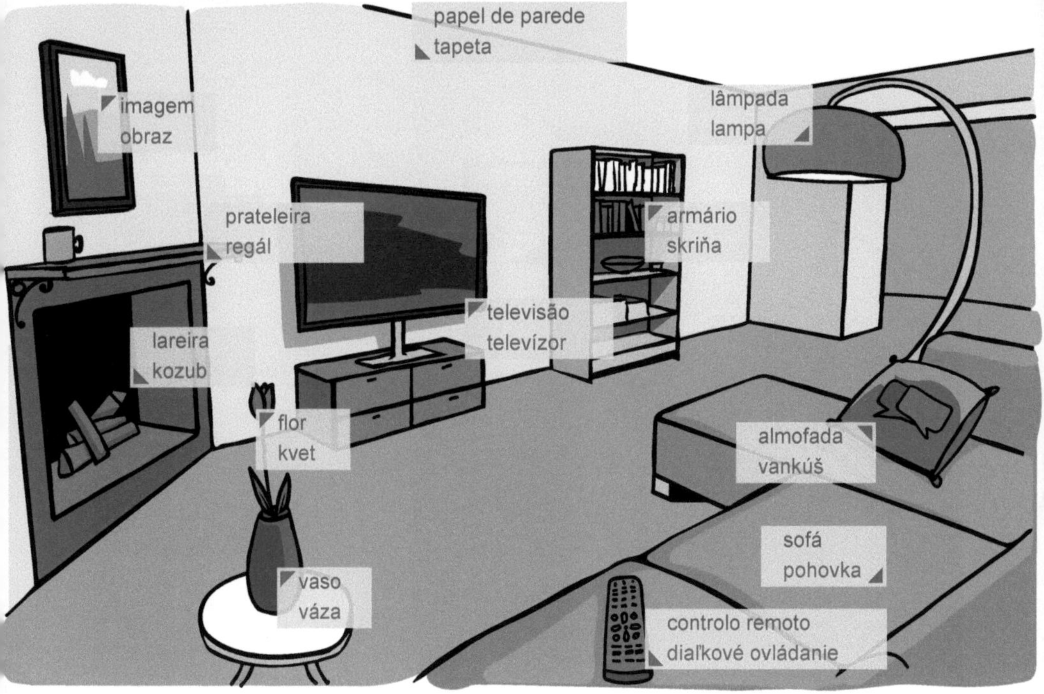

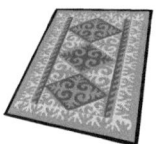

tapete
koberec

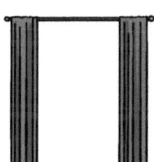

cortina
záclona

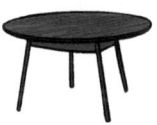

mesa
stôl

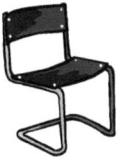

cadeira
stolička

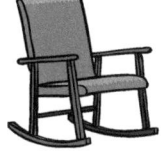

cadeira de baloiço
hojdacie kreslo

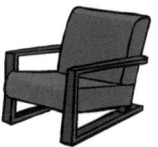

poltrona
kreslo

livro

kniha

cobertor

prikrývka

decoração

dekorácia

lenha

drevo na kúrenie

filme

film

sistema estéreo

hi-fi veža

chave

kľúč

jornal

noviny

pintura

maľba

póster

plagát

rádio

rádio

bloco de notas

zápisník

aspirador

vysávač

cato

kaktus

vela

sviečka

cozinha
kuchyňa

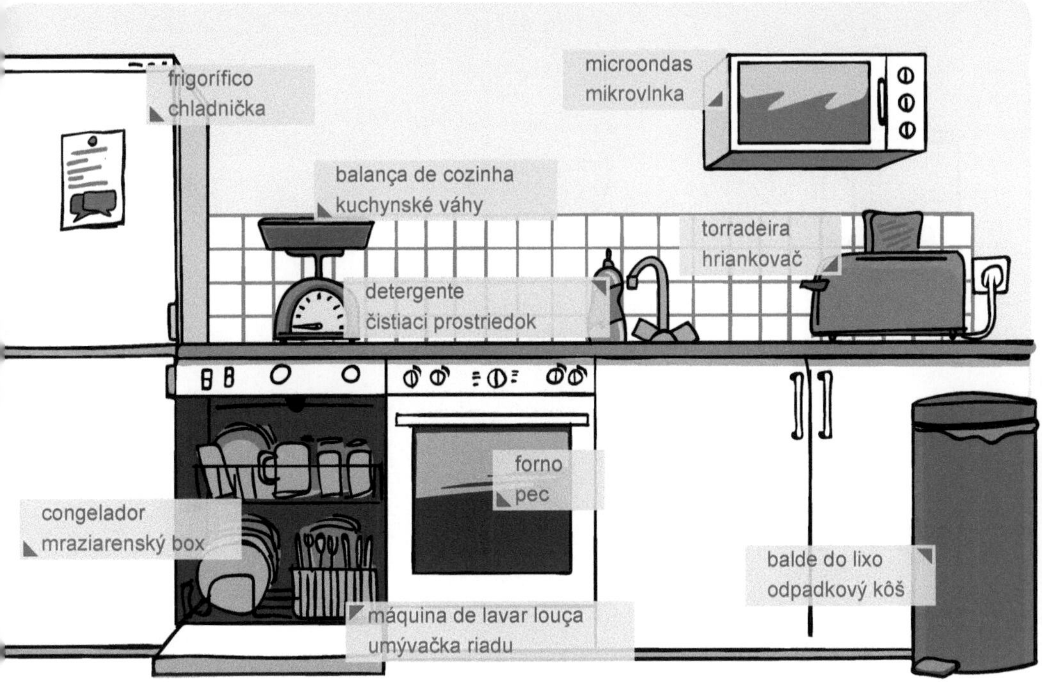

frigorífico
chladnička
microondas
mikrovlnka
balança de cozinha
kuchynské váhy
torradeira
hriankovač
detergente
čistiaci prostriedok
forno
pec
congelador
mraziarenský box
balde do lixo
odpadkový kôš
máquina de lavar louça
umývačka riadu

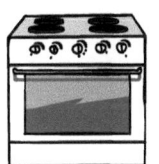

fogão

sporák

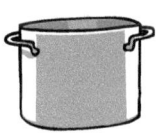

panela

hrniec

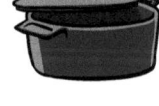

panela de ferro

železný hrniec

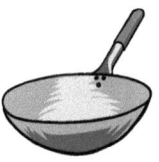

wok / kadai

wok / kadai

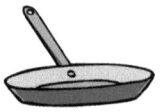

frigideira

panvica

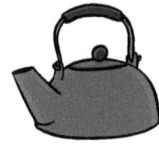

chaleira

rýchlovarná kanvica

panela a vapor

parný hrniec

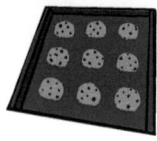

tabuleiro de forno

plech na pečenie

louça

riad

caneca

pohár

tigela

misa

pauzinhos

paličky

concha de sopa

naberačka na polievku

espátula

stierka

batedor de claras

metlička

escorredor

cedidlo

peneira

sitko

ralador

strúhadlo

almofariz

mažiar

churrasqueira

gril

lareira

ohnisko

tábua de cortar

doska na krájanie

rolo da massa

valček na cesto

saca-rolhas

vývrtka

lata

konzerva

abridor de latas

otvárač na konzervy

luvas de forno

chňapka

lava-loiça

výlevka

escova

kefa

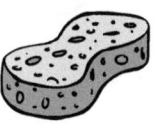

esponja

hubka

liquidificador

mixér

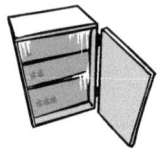

arca frigorífica

mraznička

biberão

kojenecká fľaša

torneira

vodovodný kohútik

casa de banho
kúpeľňa

aquecimento
kúrenie
toalha
uterák
chuveiro
sprcha
cortina de chuveiro
sprchový záves
banho de espuma
pena do kúpeľa
banheira
vaňa
copo
pohár
máquina de lavar roupa
práčka
torneira
vodovodný kohútik
azulejos
dlaždice
penico
nočník
lava-loiça
výlevka

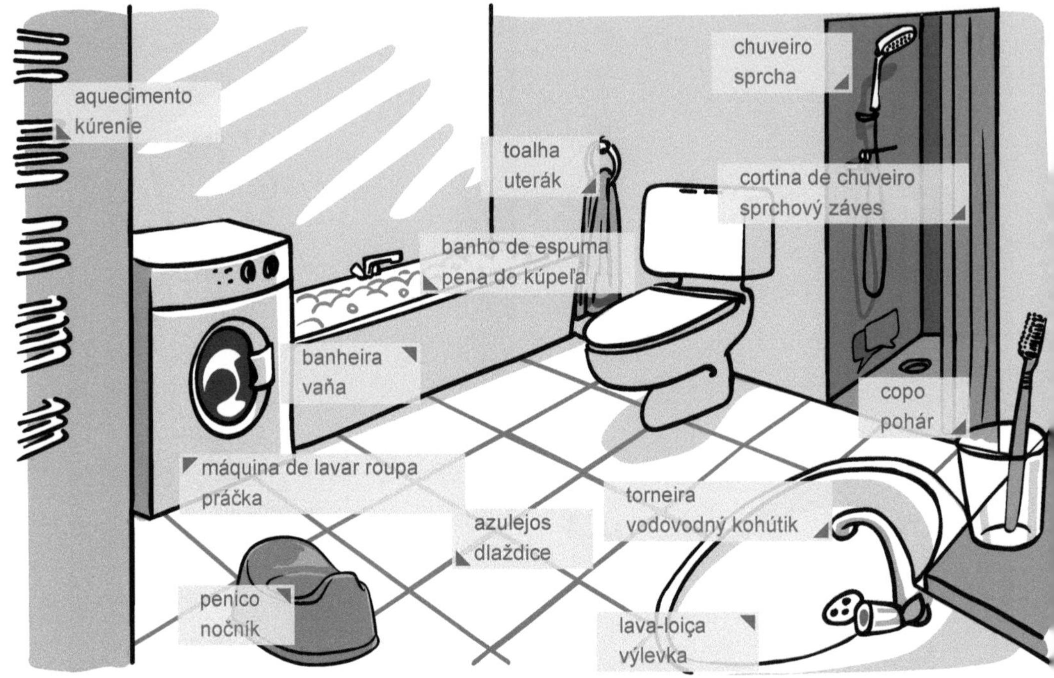

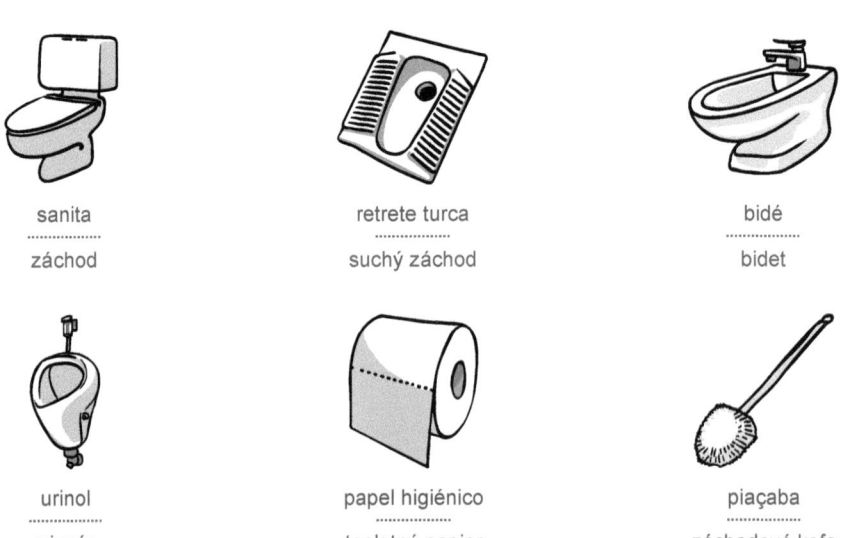

sanita
záchod

retrete turca
suchý záchod

bidé
bidet

urinol
pisoár

papel higiénico
toaletný papier

piaçaba
záchodová kefa

escova de dentes

zubná kefka

pasta de dentes

zubná pasta

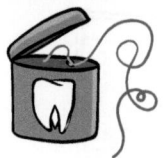

fio dentário

dentálna niť

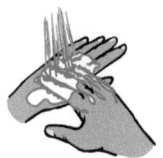

lavar

umývať

chuveiro de mão

ručná sprcha

duche íntimo

sprcha pre intímnu hygienu

bacia

umývadlo

escova para as costas

kefa na chrbát

sabonete

mydlo

gel de banho

sprchový gél

champô

šampón

toalha de rosto

frotírová rukavica

escoamento

odtok

creme

krém

desodorizante

dezodorant

espelho

zrkadlo

espelho de mão

kozmetické zrkadlo

máquina de barbear

žiletka

creme de barbear

pena na holenie

loção pós-barba

voda po holení

pente

hrebeň

escova

kefa

secador de cabelo

sušič vlasov

spray de cabelo

sprej na vlasy

maquilhagem

make-up

batom

rúž

verniz de unhas

lak na nechty

algodão

vata

tesoura para unhas

nožnice na nechty

perfume

parfum

nécessaire

kozmetická taška

tamborete

stolček

balança

váha

roupão de banho

kúpací plášť

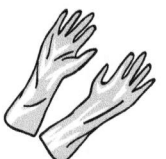

luvas de borracha

gumové rukavice

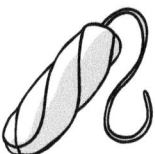

tampão

tampón

penso higiénico

menštruačná vložka

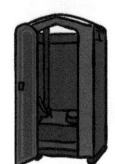

WC químico

chemické WC

quarto de criança
detská izba

despertador
budík
peluche
plyšová hračka
carro de brincar
hračkárske auto
chocalho
hrkálka
casa de bonecas
domček pre bábiky
presente
dar

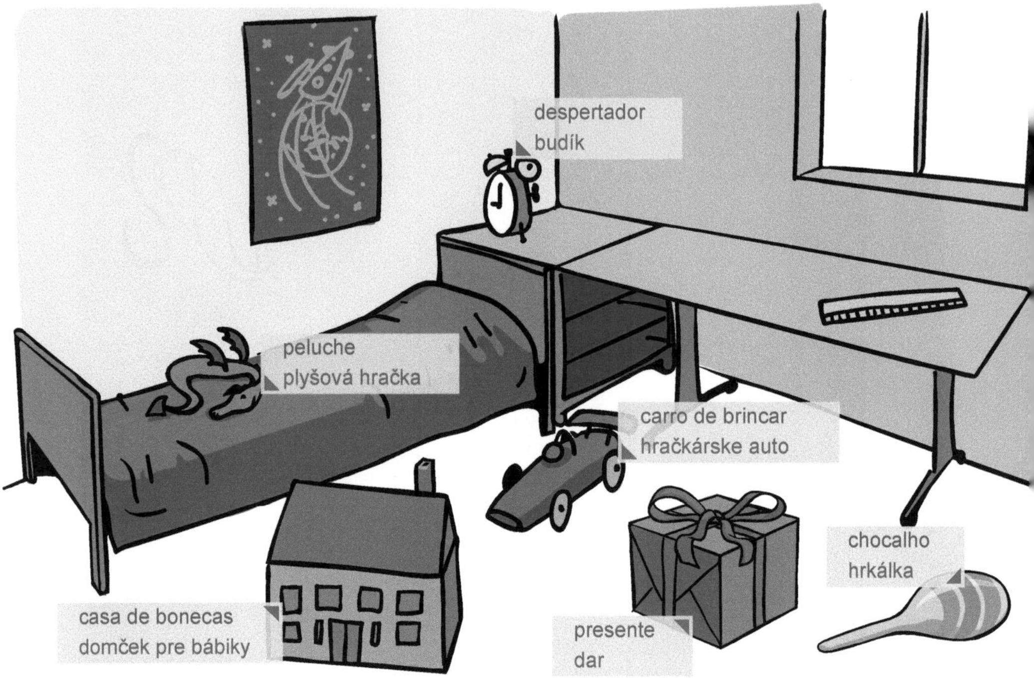

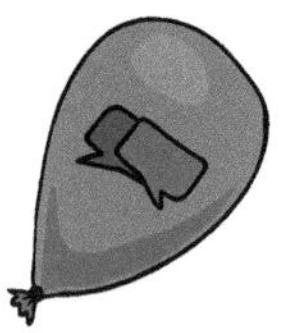

balão

balón

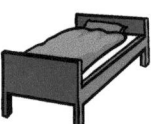

cama

posteľ

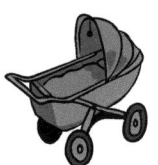

carrinho de bebé

detský kočík

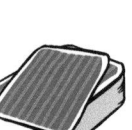

jogo de cartas

karty

quebra-cabeças

puzzle

SUPER
MEGA

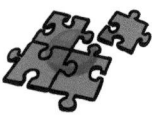

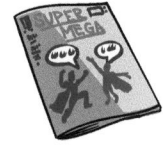

banda desenhada

komix

peças de Lego

skladačka lego

blocos de construção

stavebnica

figura de ação

akčná postavička

fato de bebé

dupačky

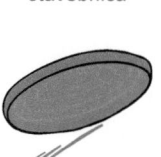

Frisbee

lietajúci tanier

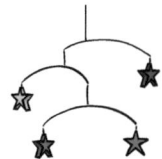

móbile para bebé

závesné hračky

jogo de tabuleiro

stolová hra

dados

kocka

pista de comboio elétrico

modelový vláčik

chupeta

cumlík

festa

párty

livro ilustrado

obrázková kniha

bola

lopta

boneca

bábika

jogar

hrať sa

caixa de areia

pieskovisko

baloiço

hojdačka

brinquedos

hračky

consola de jogos

hracia konzola

triciclo

trojkolka

ursinho de peluche

medvedík

guarda-roupa

šatník

vestuário

šatstvo

meias

ponožky

meias pelo joelho

pančuchy

meias-calças

pančuchové nohavičky

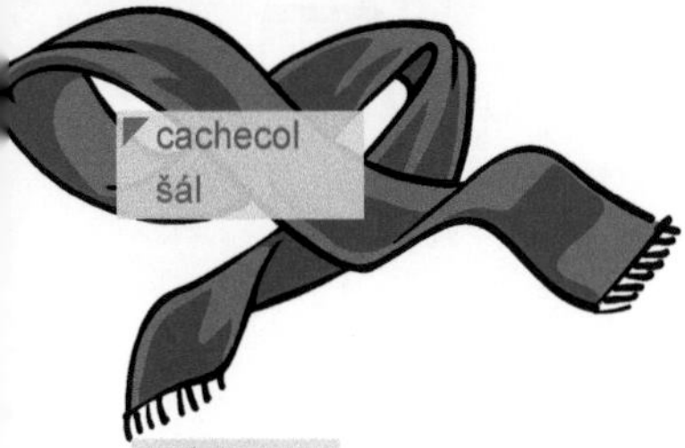

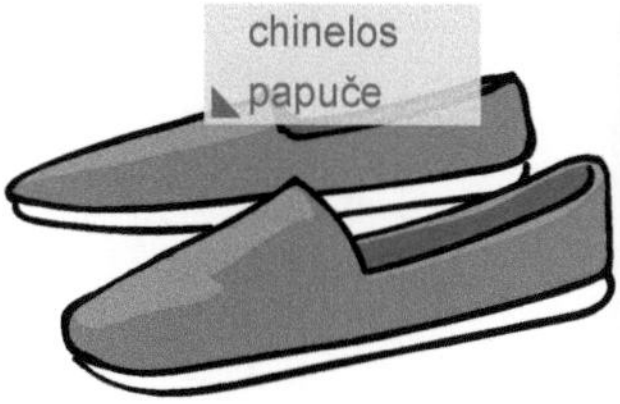

cachecol
šál

guarda-chuva
dáždnik

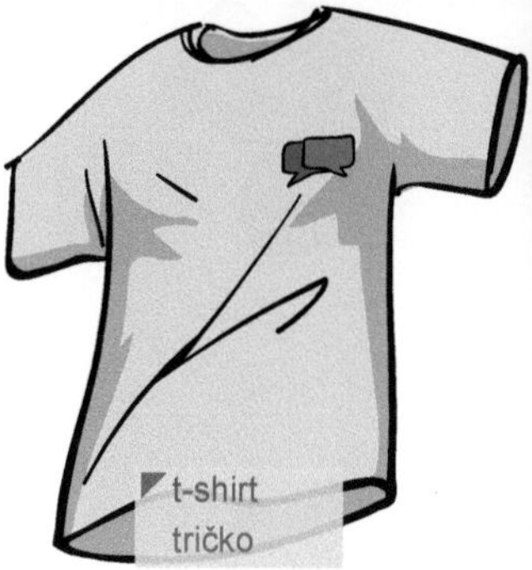

cinto
opasok

t-shirt
tričko

botas
čižmy

chinelos
papuče

sapatilhas
tenisky

sandálias
sandále

sapatos
topánky

botas de borracha
gumáky

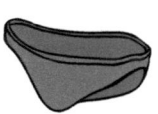

cuecas
spodky

sutiã
podprsenka

camisola interior
tielko

body
body

calças
nohavice

calças de ganga
džínsy

saia
sukňa

blusa
blúzka

camisa
košeľa

pulôver
pulóver

camisola com capuz
sveter

blazer
blejzer

casaco
bunda

manto
kabát

gabardina
pršiplášť

traje
kostým

vestido
šaty

vestido de casamento
svadobné šaty

fato
oblek

camisa de dormir
nočná košeľa

pijama
pyžamo

sari
sari

lenço de cabeça
šatka na hlavu

turbante
turban

burca
burka

cafetă
kaftan

abaya
abaja

fato de banho
dvojdielne plavky

calções de banho
plavky

calções
šortky

fato de treino
tepláková súprava

avental
zástera

luvas
rukavice

botão

gombík

óculos

okuliare

pulseira

náramok

colar

retiazka

anel

prsteň

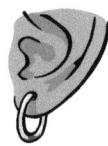

brinco

náušnica

boné

čiapka

cabide

vešiak

chapéu

klobúk

gravata

kravata

fecho de correr

zips

capacete

prilba

suspensórios

traky

uniforme escolar

školská uniforma

uniforme

uniforma

babete
podbradník

chupeta
cumlík

fralda
plienka

escritório
kancelária

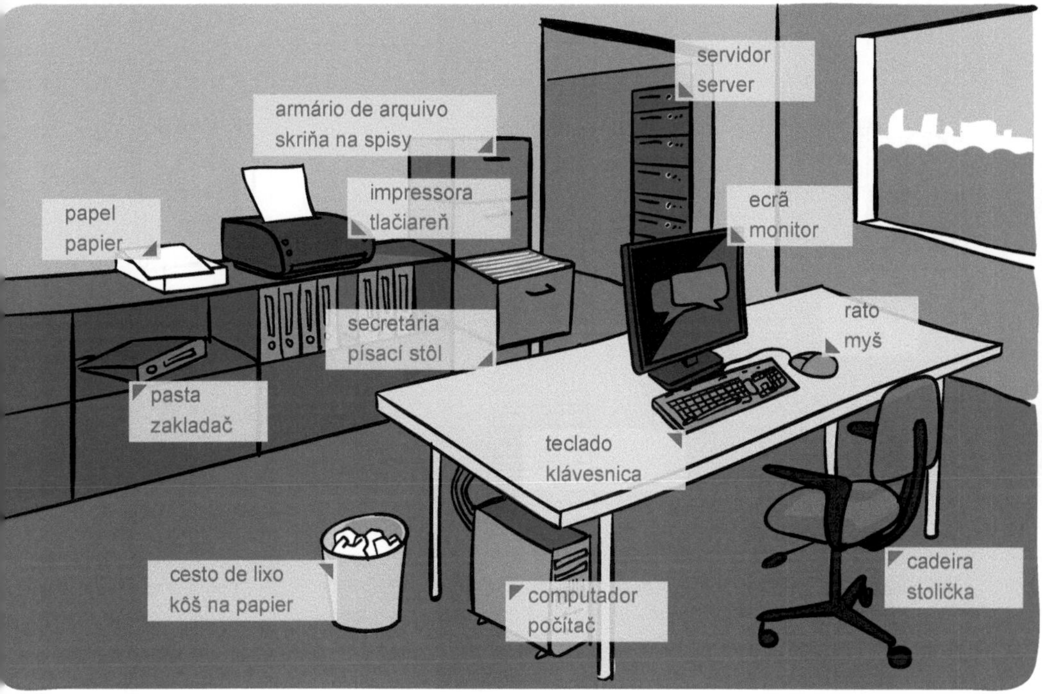

servidor
server

armário de arquivo
skriňa na spisy

impressora
tlačiareň

ecrã
monitor

papel
papier

secretária
písací stôl

rato
myš

pasta
zakladač

teclado
klávesnica

cesto de lixo
kôš na papier

computador
počítač

cadeira
stolička

caneca de café
hrnček na kávu

calculadora
kalkulačka

internet
internet

computador portátil

laptop

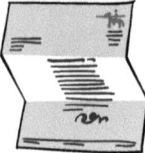

carta

list

mensagem

správa

telemóvel

mobil

rede

sieť

fotocopiadora

kopírka

software

softvér

telefone

telefón

tomada elétrica

elektrická zásuvka

fax

fax

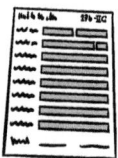

formulário

formulár

documento

doklad

comprar

kúpiť

pagar

platiť

negociar

obchodovať

dinheiro

peniaze

dólar

dolár

euro

euro

yen

jen

rublo

rubeľ

franco suíço

švajčiarsky frank

renminbi yuan

čínsky jüan

rupia

rupia

caixa de multibanco

bankomat

casa de câmbio

zmenáreň

ouro

zlato

prata

striebro

petróleo

ropa

energia

energia

preço

cena

contrato

zmluva

imposto

daň

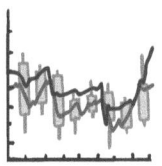

ação

akcia

trabalhar

pracovať

empregado

zamestnanec

entidade patronal

zamestnávateľ

fábrica

továreň

loja

obchod

agente da polícia
policajt

bombeiro
hasič

cozinheiro
kuchár

médico
lekár

piloto
pilót

jardineiro
záhradník

carpinteiro
stolár

costureira
krajčírka

juiz
sudca

químico
chemik

ator
herec

motorista de autocarro

vodič autobusu

motorista de táxi

taxikár

pescador

rybár

empregada de limpeza

upratovačka

telhador

pokrývač

empregado de mesa

čašník

caçador

poľovník

pintor

maliar

padeiro

pekár

eletricista

elektrikár

construtor

stavebný robotník

engenheiro

inžinier

talhante

mäsiar

canalizador

klampiar

carteiro

poštár

soldado

vojak

arquiteto

architekt

caixa

pokladník

florista

kvetinár

cabeleireiro

kaderník

controlador de bilhetes

sprievodca

mecânico

mechanik

capitão

kapitán

dentista

zubár

cientista

vedec

rabino

rabín

imã

imám

monge

mních

pastor

farár

ferramentas
náradie

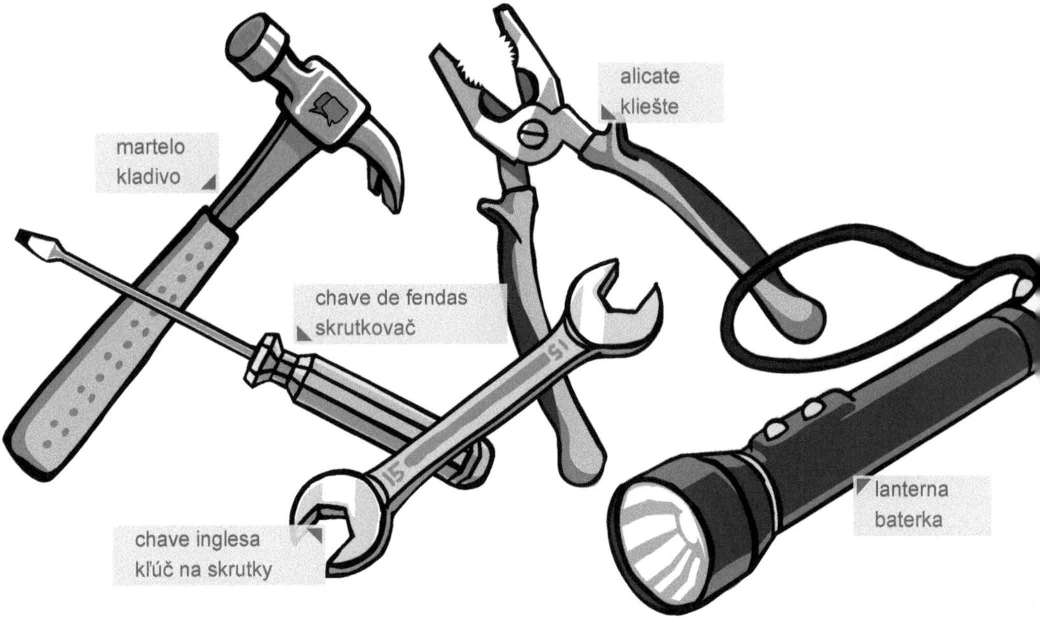
martelo
kladivo
alicate
kliešte
chave de fendas
skrutkovač
chave inglesa
kľúč na skrutky
lanterna
baterka

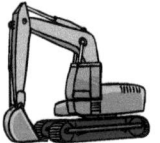

escavadora

bager

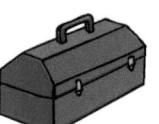

caixa de ferramentas

súprava náradia

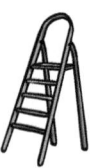

escadote

rebrík

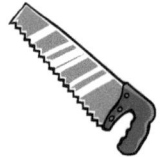

serra

pílka

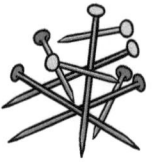

pregos

klince

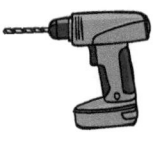

broca

vrták

reparar
opraviť

pá
lopata

porcaria!
Do čerta!

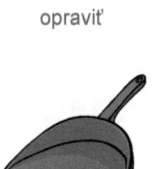

pá de lixo
lopatka na smeti

pote de tinta
nádoba s farbou

parafusos
skrutky

instrumentos musicais
hudobné nástroje

altifalante
reproduktor

bateria
bicie

contrabaixo
kontrabas

trompete
trúbka

guitarra
gitara

piano

klavír

violino

husle

baixo

basa

timbales

tympany

tambor

bubon

teclado

klávesnica

saxofone

saxofón

flauta

flauta

microfone

mikrofón

jardim zoológico
ZOO

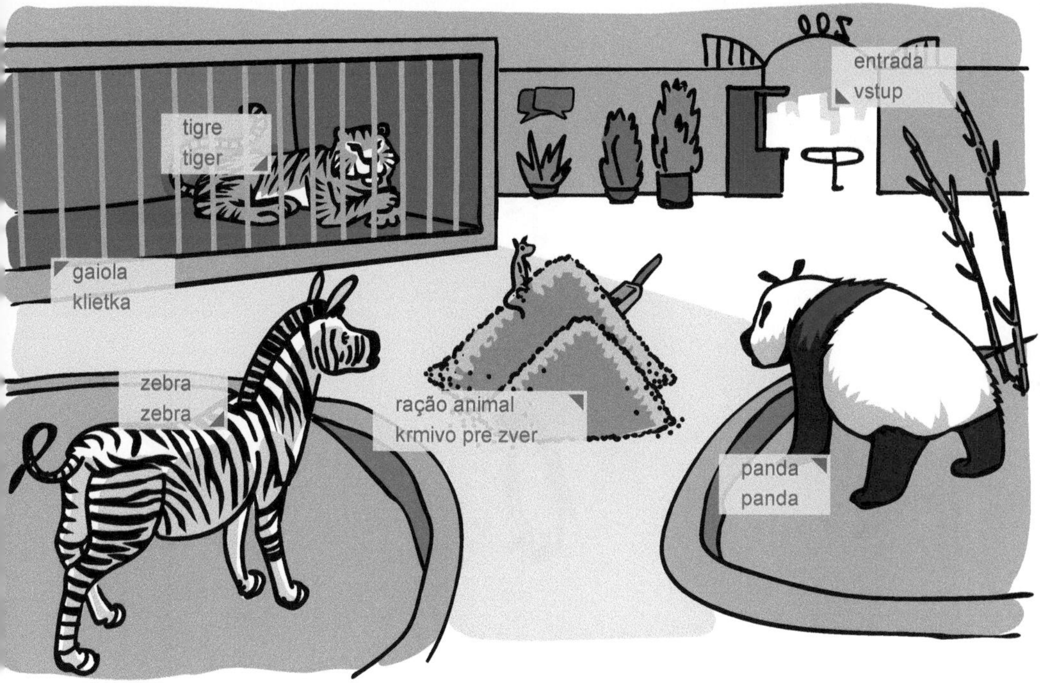
zoo
entrada
vstup
tigre
tiger
gaiola
klietka
zebra
zebra
ração animal
krmivo pre zver
panda
panda

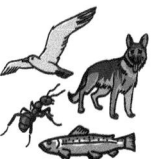

animais
zvieratá

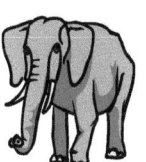

elefante
slon

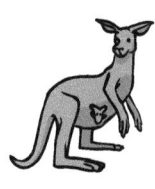

canguru
klokan

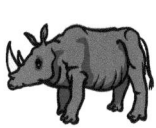

rinoceronte
nosorožec

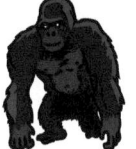

gorila
gorila

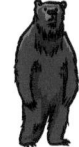

urso
medveď

camelo

ťava

avestruz

pštros

leão

lev

macaco

opica

flamingo

plameniak

papagaio

papagáj

urso polar

ľadový medveď

pinguim

tučniak

tubarão

žralok

pavão

páv

cobra

had

crocodilo

krokodíl

guarda do jardim zoológico

ošetrovateľ v ZOO

foca

tuleň

jaguar

jaguár

pónei	leopardo	hipopótamo
poník	leopard	hroch

girafa	águia	javali
žirafa	orol	diviak

peixe	tartaruga	morsa
ryba	korytnačka	mrož

raposa	gazela	
líška	gazela	

futebol americano
americký futbal

ciclismo
cyklistika

ténis
tenis

basquetebol
basketbal

natação
plávanie

boxe
box

hóquei no gelo
hokej

futebol
futbal

badminton
bedminton

atletismo
ľahká atletika

andebol
hádzaná

esqui
lyžovanie

polo
pólo

atividades
aktivity

rir
smiať sa
saltar
skočiť
abraçar
objať
andar
chodiť
cantar
spievať
sonhar
snívať
rezar
modliť sa
beijar
pobozkať

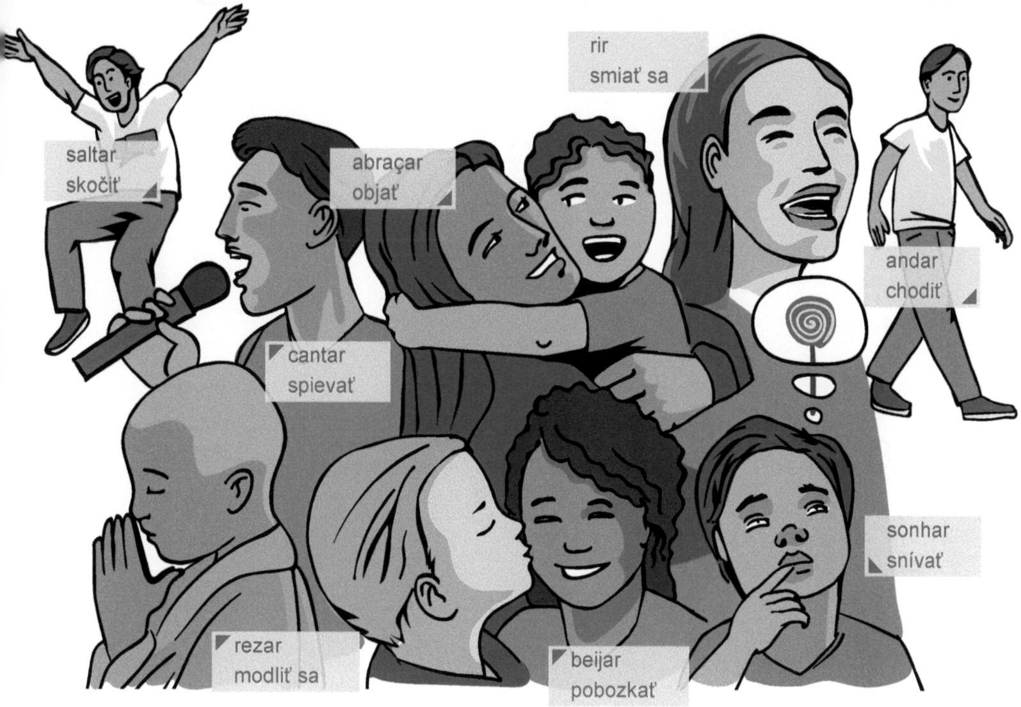

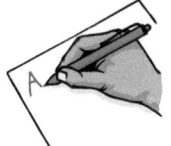

escrever

písať

desenhar

kresliť

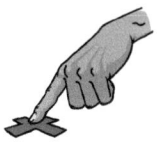

mostrar

ukázať

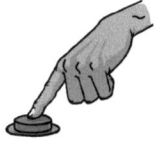

empurrar

tlačiť

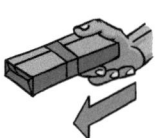

dar

dať

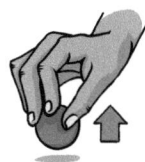

tomar

brať

ter
....
mať

fazer
....
robiť

ser
....
byť

ficar de pé
....
stáť

correr
....
bežať

puxar
....
ťahať

remessar
....
hádzať

cair
....
padnúť

deitar
....
ležať

esperar
....
čakať

carregar
....
nosiť

sentar
....
sedieť

vestir
....
obliecť sa

dormir
....
spať

acordar
....
zobudiť sa

olhar para

pozerať

chorar

plakať

acariciar

hladkať

pentear

česať

falar

hovoriť

compreender

rozumieť

perguntar

pýtať sa

ouvir

počuť

beber

piť

comer

jesť

arrumar

upratať

amar

milovať

cozinhar

variť

conduzir

jazdiť

voar

letieť

velejar

plachtiť

calcular

počítať

ler

čítať

aprender

učiť sa

trabalhar

pracovať

casar

oženiť

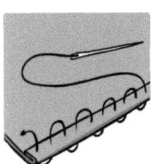

costurar

šiť

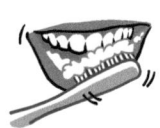

escovar os dentes

čistiť zuby

matar

zabiť

fumar

fajčiť

enviar

poslať

avó
stará mama

avô
starý otec

pai
otec

mãe
mama

bebé
bábo

filha
dcéra

filho
syn

convidado

hosť

tia

teta

tio

strýko

irmão

brat

irmã

sestra

corpo

telo

testa
čelo
olho
oko
ombro
plece
dedo
prst
cara
tvár
queixo
brada
mão
ruka
perna
noha
peito
hruď
braço
rameno

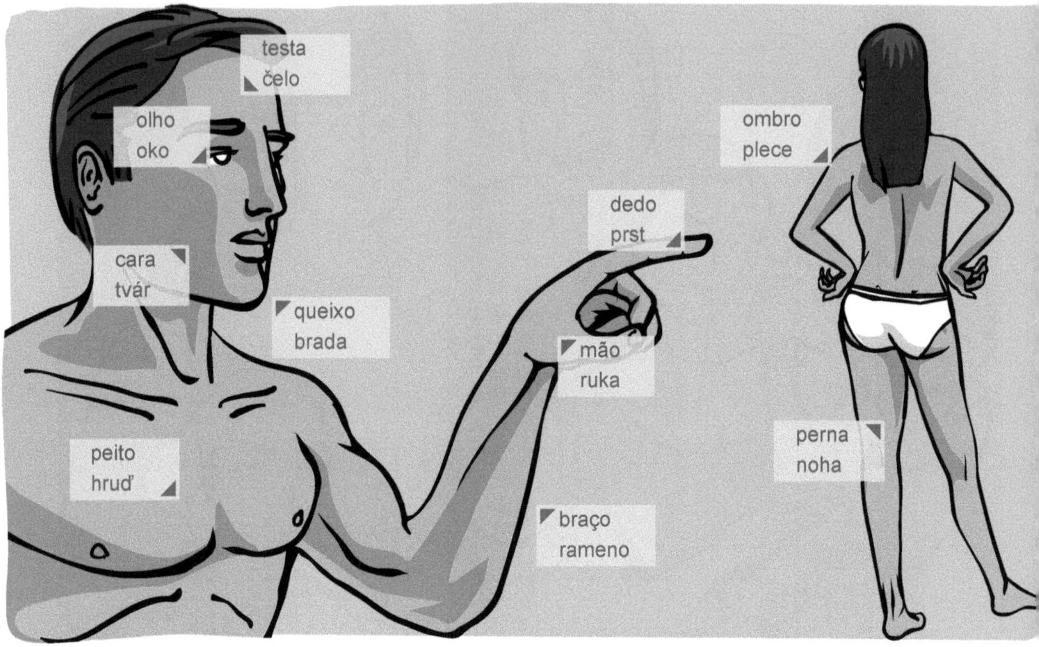

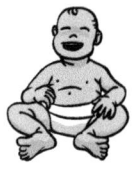

bebé

bábo

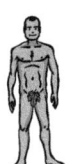

homem

muž

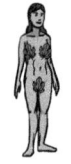

mulher

žena

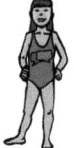

menina

dievča

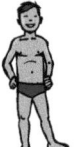

menino

chlapec

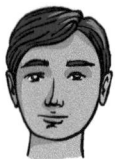

cabeça

hlava

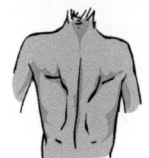

costas

chrbát

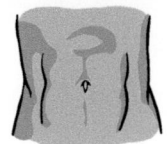

barriga

brucho

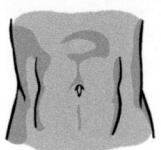

umbigo

pupok

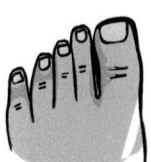

dedo do pé

prst na nohe

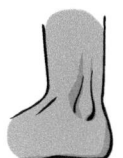

calcanhar

päta

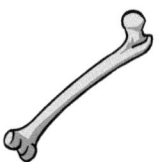

osso

kosť

anca

bok

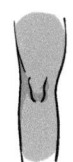

joelho

koleno

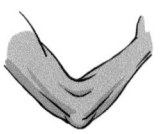

cotovelo

lakeť

nariz

nos

nádegas

zadok

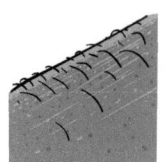

pele

koža

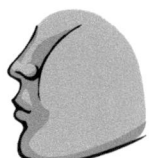

bochecha

líce

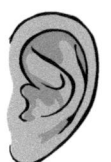

orelha

ucho

lábio

pery

boca
....
ústa

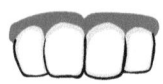

dente
....
zub

língua
....
jazyk

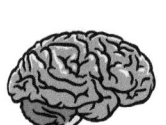

cérebro
....
mozog

coração
....
srdce

músculo
....
svaly

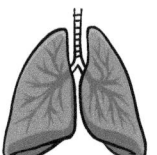

pulmão
....
pľúca

fígado
....
pečeň

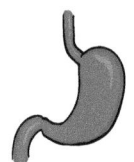

estômago
....
žalúdok

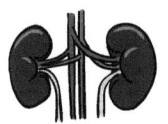

rins
....
obličky

relações sexuais
....
pohlavný styk

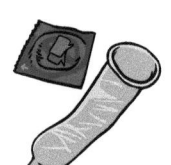

preservativo
....
kondóm

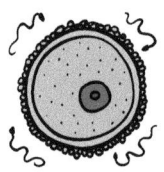

óvulo
....
vaječná bunka

esperma
....
semeno

gravidez
....
tehotenstvo

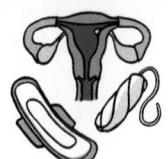

menstruação
menštruácia

vagina
vagína

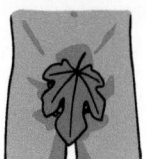

pénis
penis

sobrancelha
obočie

cabelo
vlasy

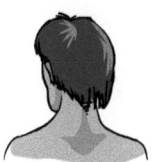

pescoço
krk

hospital
nemocnica

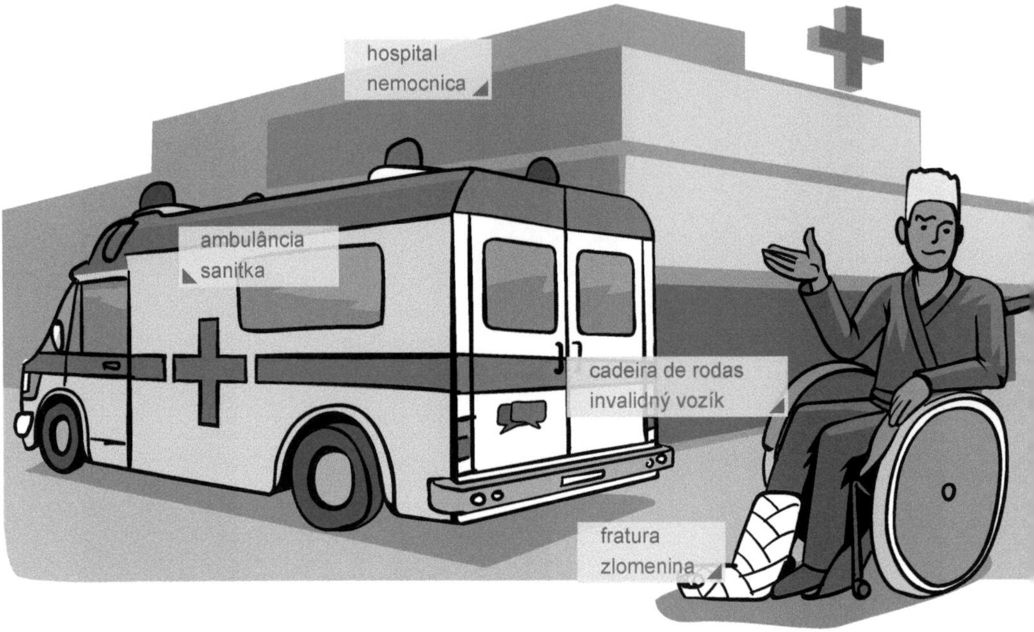

hospital
nemocnica
ambulância
sanitka
cadeira de rodas
invalidný vozík
fratura
zlomenina

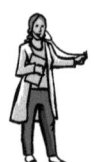

médico

lekár

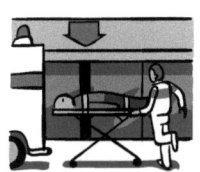

serviço de urgências

urgentný príjem

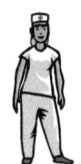

enfermeira

sestrička

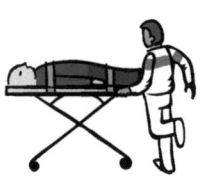

emergência

urgentný prípad

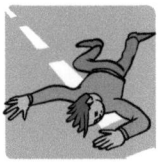

inconsciente

v bezvedomí

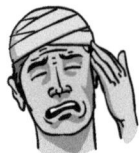

dor

bolesť

ferimento

zranenie

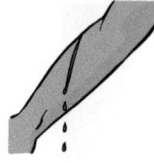

hemorragia

krvácanie

ataque cardíaco

srdcový infarkt

acidente vascular cerebral

mozgová porážka

alergia

alergia

tosse

kašeľ

febre

teplota

gripe

chrípka

diarreia

hnačka

dor de cabeça

bolesť hlavy

cancro

rakovina

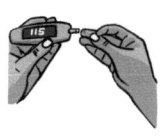

diabetes

cukrovka

cirurgião

chirurg

bisturi

skalpel

operação

operácia

CT
CT

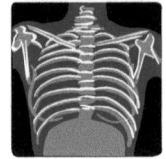

raio x
RTG

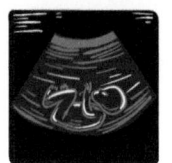

ultrassom
ultrazvuk

máscara
maska

doença
choroba

sala de espera
čakáreň

muleta
barla

penso rápido
náplasť

ligadura
obväz

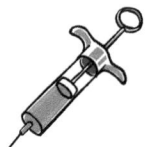

injeção
injekcia

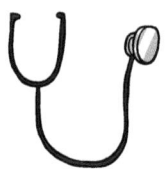

estetoscópio
fonendoskop

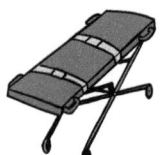

maca
nosidlá

termómetro
teplomer

nascimento
pôrod

excesso de peso
nadváha

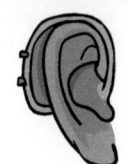

aparelho auditivo

audiofón

desinfetante

dezinfekčný prostriedok

infeção

infekcia

vírus

vírus

HIV / SIDA

HIV / AIDS

medicamento

medicína

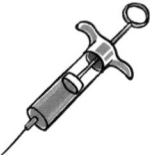

vacinação

očkovanie

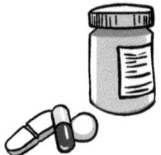

comprimidos

tabletky

pílula

antikoncepčná pilulka

chamada de emergência

tiesňové volanie

dispositivo de medição de
pressão arterial

tlakomer

doente / saudável

chorý / zdravý

Socorro!

Pomoc!

alarme

alarm

assalto

prepad

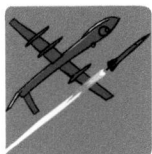

ataque

útok

perigo

nebezpečenstvo

saída de emergência

núdzový východ

Fogo!

Horí!

extintor de incêndios

hasičský prístroj

acidente

nehoda

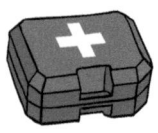

estojo de primeiros socorros

kufrík prvej pomoci

SOS

SOS

polícia

polícia

Europa

Európa

América do Norte

Severná Amerika

América do Sul

Južná Amerika

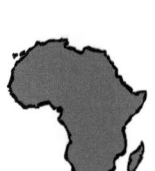

África

Afrika

Ásia

Ázia

Austrália

Austrália

Atlântico

Atlantický oceán

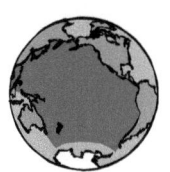

Pacífico

Tichý oceán

Oceano Índico

Indický oceán

Oceano Antártico

Južný oceán

Oceano Ártico

Severný ľadový oceán

Polo Norte

Severný pól

Polo Sul

Južný pól

Antártica

Antarktída

terra

Zem

país

krajina

mar

more

ilha

ostrov

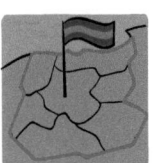

nação

národ

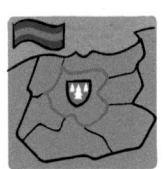

estado

štát

mostrador do relógio

ciferník

ponteiro das horas

hodinová ručička

ponteiro dos minutos

minútová ručička

ponteiro dos segundos

sekundová ručička

Que horas são?

Koľko je hodín?

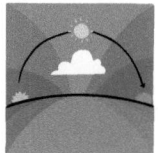

dia

deň

tempo

čas

agora

teraz

relógio digital

digitálne hodiny

minuto

minúta

hora

hodina

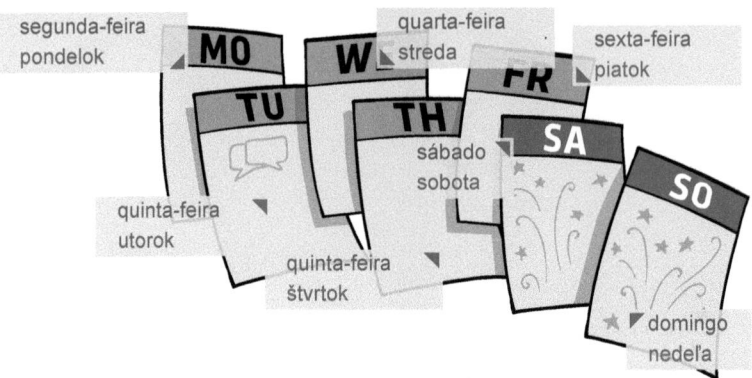

segunda-feira
pondelok

quarta-feira
streda

sexta-feira
piatok

quinta-feira
utorok

quinta-feira
štvrtok

sábado
sobota

domingo
nedeľa

ontem
....
včera

hoje
....
dnes

amanhã
....
zajtra

manhã
....
ráno

meio-dia
....
poludnie

entardecer
....
večer

MO	TU	WE	TH	FR	SA	SU
1	2	3	4	5	6	7
8	9	10	11	12	13	14
15	16	17	18	19	20	21
22	23	24	25	26	27	28
29	30	31	1	2	3	4

dias úteis
....
pracovné dni

MO	TU	WE	TH	FR	SA	SU
1	2	3	4	5	6	7
8	9	10	11	12	13	14
15	16	17	18	19	20	21
22	23	24	25	26	27	28
29	30	31	1	2	3	4

fim de semana
....
víkend

ano
rok

chuva
dážď
arco-íris
dúha
vento
vietor
neve
sneh
primavera
jar
outono
jeseň
verão
leto
inverno
zima

4.APRIL 11°
5.APRIL 4°
6.APRIL 13°
7.APRIL 8°
8.APRIL 10°

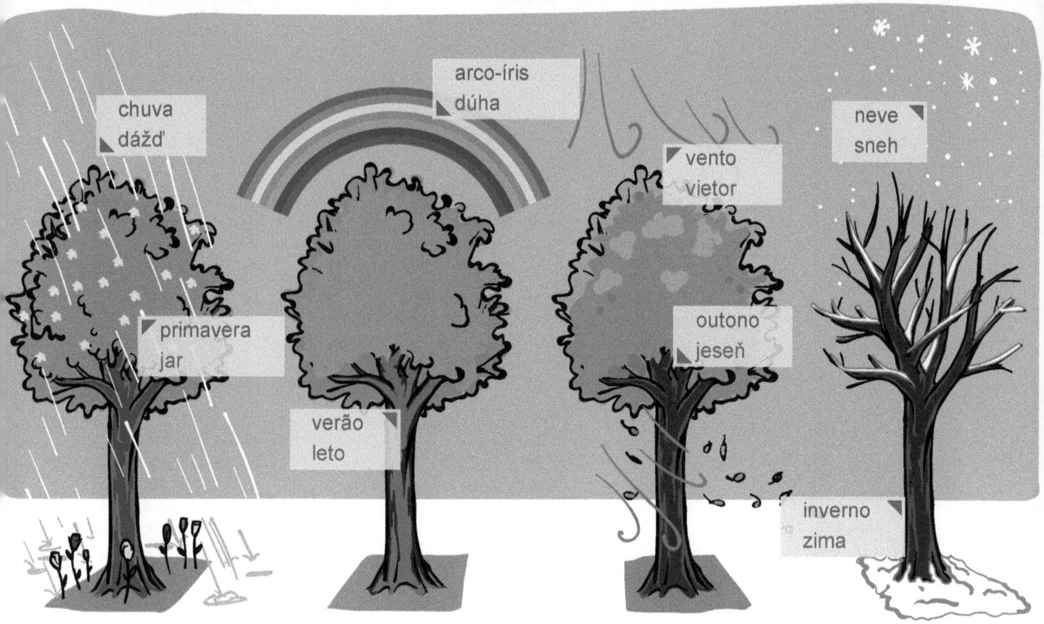

previsão do tempo

predpoveď počasia

F
C
120
90
60
30
0
-30
40
30
20
10
0
-10
-20

termómetro

teplomer

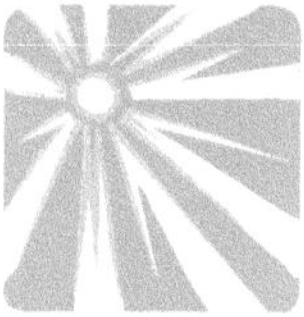

raios de sol

slnečný svit

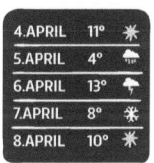

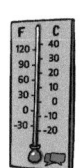

nuvem

oblak

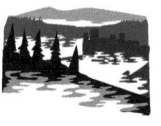

neblina / nevoeiro

hmla

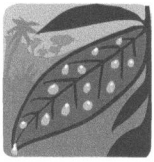

humidade do ar

vlhkosť vzduchu

relâmpago

blesk

trovão

hrom

tempestade

búrka

granizo

krúpy

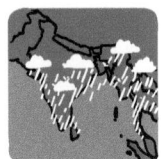

monção

monzún

inundação

záplava

gelo

ľad

janeiro

január

fevereiro

február

março

marec

abril

apríl

maio

máj

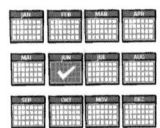

junho

jún

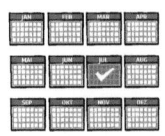

julho

júl

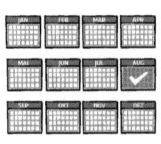

agosto

august

ano - rok

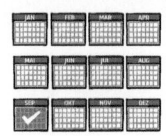

setembro
....
september

outubro
....
október

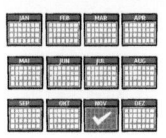

novembro
....
november

dezembro
....
december

formas
tvary

círculo
....
kruh

quadrado
....
štvorec

retângulo
....
obdĺžnik

triângulo
....
trojuholník

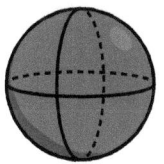

esfera
....
guľa

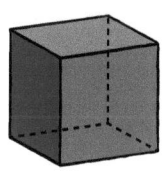

cubo
....
kocka

branco
....
biela

amarelo
....
žltá

laranja
....
oranžová

rosa
....
ružová

vermelho
....
červená

lilás
....
fialová

azul
....
modrá

verde
....
zelená

castanho
....
hnedá

cinzento
....
šedá

preto
....
čierna

muito / pouco

veľa / málo

furioso / calmo

zúrivý / pokojný

lindo / feio

pekný / škaredý

princípio / fim

začiatok / koniec

grande / pequeno

veľký / malý

claro / escuro

svetlý / tmavý

irmão / irmã

brat / sestra

limpo / sujo

čistý / špinavý

completo / incompleto

úplný / neúplný

dia / noite

deň / noc

morto / vivo

mŕtvy / živý

largo / estreito

široký / úzky

comestível / não comestível

chutný / nechutný

mau / gentil

zlostný / láskavý

entusiasmado / entediado

vzrušený / unudený

gordo / magro

tlstý / chudý

primeiro / último

prvý / posledný

amigo / inimigo

priateľ / nepriateľ

cheio / vazio

plný / prázdny

duro / macio

tvrdý / mäkký

pesado / leve

ťažký / ľahký

fome / sede

hlad / smäd

doente / saudável

chorý / zdravý

ilegal / legal

nelegálny / legálny

inteligente / burro

inteligentný / hlúpy

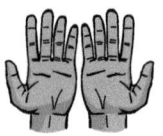

esquerda / direita

vľavo / vpravo

perto / longe

blízko / ďaleko

novo / usado

nový / použitý

nada / algo

nič / niečo

velho / jovem

starý / mladý

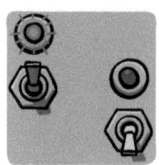

ligado / desligado

zapnuté / vypnuté

aberto / fechado

otvorené / zatvorené

baixo / alto

tichý / hlasný

rico / pobre

bohatý / chudobný

certo / errado

správne / nesprávne

áspero / liso

drsný / hladký

triste / feliz

smutný / šťastný

curto / longo

krátky / dlhý

lento / rápido

pomaly / rýchlo

molhado / seco

mokrý / suchý

ameno / fresco

teplý / studený

guerra / paz

vojna / mier

números

čísla

0

zero

nula

1

um

jeden

2

dois

dva

3

três

tri

4

quatro

štyri

5

cinco

päť

6

seis

šesť

7

sete

sedem

8

oito

osem

9

nove

deväť

10

dez

desať

11

onze

jedenásť

12

doze

dvanásť

13

treze

trinásť

14

catorze

štrnásť

15

quinze

pätnásť

16

dezasseis

šestnásť

17

dezassete

sedemnásť

18

dezoito

osemnásť

19

dezanove

devätnásť

20

vinte

dvadsať

100

cem

sto

1.000

mil

tisíc

1.000.000

milhão

milión

inglês
....
angličtina

inglês americano
....
americká angličtina

chinês mandarim
....
mandarínska čínština

hindi
....
hindčina

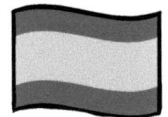

espanhol
....
španielčina

francês
....
francúzština

árabe
....
arabčina

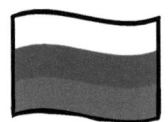

russo
....
ruština

português
....
portugalčina

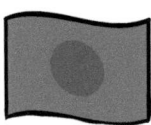

bengalês
....
bengálčina

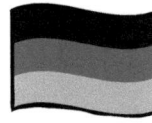

alemão
....
nemčina

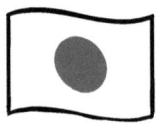

japonês
....
japončina

eu

ja

tu

ty

ele / ela

on/ona/ono

nós

my

vós

vy

eles / elas

oni

quem?

kto?

o quê?

čo?

como?

ako?

onde?

kde?

quando?

kedy?

nome

meno

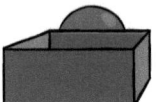

atrás

za

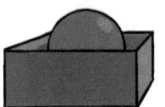

em

v

à frente de

pred

sobre

nad

em cima

na

debaixo

pod

ao lado

veďa

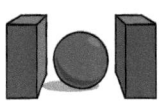

entre

medzi

lugar

miesto